JN438590

다시올시선 _ 007

詩

텅 비거나 혹은 가득 차거나

최윤경 시집

다시올시선 _ 007

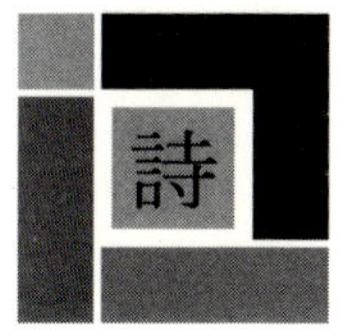

텅 비거나
혹은 가득 차거나

최윤경 시집

다시올

시인의 말

어디에서 걸음을 떼어 여기까지 왔는지
알 수가 없다.
뒤돌아보니
어지러운 발자국만 널브러져 먼지 날리는 골목길
마주서기 힘든 일상의 시간들이
뒤따라오면
또렷하게 각인되어 지는 상처들
아프게 가슴으로 쌓인다.
그 흔적들이
음표가 되고 노래가 되어 그에게 닿았으면……
하늘에서 환한 미소 짓고 있을
나의 사랑하는 남편에게 전하는
두 번째 시집이 모든 슬픔을
잠재울 수 있기를……

2012년 가을 그림자를 밟으며
다향 최 윤 경

✠ 차례 ✠

텅 비거나 혹은 가득 차거나

제1부 반토막에 대하여

제2부 텅 비거나 혹은 가득 차거나

✠ 차례 ✠

텅 비거나 혹은 가득 차거나

제3부 바람으로 눕다

제4부 초록, 그 짙은 몸살

반토막에 대하여

반 토막에 대하여

식탁 위 생선구이 반 토막
뼈를 드러낸 채 곧게 누운
살코기 속에 비릿한 소리 들린다
한 점 살덩이가 떨어져 나갈 때마다
도드라진 뼈 부대끼며
젓가락을 다잡으면
연탄불에서 지글거리며 제 몸을 줄이던
몸부림의 소리
쉽게 넘어가지 않는다
반 토막 난 경제가
티브이 뉴스에서 툭 불거져
생선가시가 목에 걸린다
비린내가 입안 가득하다
한물간 세상인가 보다

섶다리

아슬아슬 위태한 듯
지나는 이 없어 외로운 다리
흙과 나뭇가지가 제 몸을 거느려
크지도 길지도 않은 다리
강을 건너기 위해 열정을 다했던
전설의 손길들이 하나 둘
물 위를 걸어간다
한 걸음 내딛을 때 마다 흔들흔들 몸을 지탱하고는
장마철에 사라져 버린 흔적은 고단함을 내려놓아
다시 또 만들어지는 이별다리
이제는 추억으로 자리 잡아 향수를 자극하기만 할 뿐
아무도 채워주지 못하는 그리움의 웅덩이엔
오래전 그곳에서 오가던 정담으로 그득하다
오늘도 물 따라 낮게 속삭이는 소리
알록달록 핀 꽃들이 손 흔들어 대답하는
세월을 삼킨 물줄기만 바라보고 있다
언제 다시 사라져 버릴지도 모르고

달에게

밤잠을 참아가며 빛을 발하는
해맑은 얼굴에서 웃음 보다는 쓸쓸함과
흐리멍덩한 기억의 파편부터
먼저 헤아리게 되는 것인지
날마다 조금씩 기울어가는 반쪽의 얼굴
그렇게 늙어가는 이유를 스스로 깨닫고 있는 중인지
도 모른다
월광의 느릿한 음표를 따라 닿을 수 있다고
아무리 손을 뻗어도 다다를 수 없는 아득히 먼 곳에서
어쩌면 잃어버린 시간들을 다독이고 있을지
궁금증에 몸살을 앓던 고사리 손목들이 움직인다
그 어떠한 눈물도 빛을 잃고야 마는
환한 웃음을 읽는다
마주하는 순간만이 마지막일 것이라고
아무도 가르쳐 주지 않은 비밀의 장막을 뜯어 버리고
깊이 아주 깊이 스며들고 싶다

장마

어디 네 가슴만 그렇게 쌓인 것이 많던가
며칠 동안 퍼내어도 비 그치지 않아
우두커니 먹빛 하늘 바라보면
거무스름한 멍 그대로 스며들어 번진다
수묵화 한 점 그려 놓으려는지
과묵하게 움푹 파인 도로의 아스팔트는
골 깊은 서러움을 토해내고
바퀴에 짓눌려 튕기는 빗물
그 사이에서 버려진 시간들이 뛰어나오면
경쟁이라도 하듯 빗줄기가 굵어진다
어둔 구석 내 가슴속에도 마냥 비가 내린다

비만肥滿

내안에서 자라난 욕심은 한 번도 꺾이질 않고
쑥쑥 키가 자랐다
볼품없이 비대해져서 잘라낼 엄두조차 나지 않았을 때
너무 늦었다고 생각했다
높이 오른 숫자만큼 둔해진 살덩어리는 늘 뒤뚱거렸고
허리춤 단추는 제자리를 잡지 못한다
통뼈로 무장한 옷매무새는 누런 갈잎처럼 새 살을 갉아먹었다
병든 이파리를 잘라내듯 헛된 줄기를 꺾어 버리듯
조금씩 가벼워지는 걸음
하늘을 나는 새가 되었다
꿈속의 이상형은 그렇게 초록을 닮아가고 있었다
우거진 나뭇잎 사이로 그늘만큼 너른 살점이 뚝뚝 잘라져 나갔다
덜어낸다는 것은 조금씩 버리는 일이다
다만 시기를 놓쳐버리는 달콤한 유혹이란 것과의 이별이려니

눈물

슬픔의 각도를 꺾어
긴 한숨을 삼켜내었던 시간
기억하고 싶지 않아도
가슴 밑바닥에서 손을 내미는
절망의 흔적들이
소금기 지닌 물로
흥건하게 적신 베개는
깨끗하게 세탁 되어진 채로
햇살 곁에 누웠다
혼자이었기에
묻어 둘 수 있었다
품어 안을 수 있었다
침묵은 때론 고통을 삼키는
진통제로 스며들었다
소리 없는 울음
아무도 울어주지 않는다
그 누구도 대신 울어주지 않았다
다만 시계소리 세월을 재촉하듯
똑딱이며 울고 있다

불면의 바다

밤바다를 건너온 바람이
유리창을 두드린다
갓 시집온 색시처럼 떨며
긴 밤을 뒤척이던 어둠이
꿈속으로 들어와 누우면
걸어왔던 길 지우고
서둘러서 떠나버린 파도
실눈 뜬 채 휘감아 파고들어
하얀 광목이불 자락
또 하루를 감아둔다
오래오래 풀리지 않도록
꼭꼭 누른 시간이
푸석푸석한 눈 비비며
벽 속에 갇혀있다

꽃 진자리

모란이 피었던 자리
그 가지에 붉은 첫 방울
맺혀있다
볼품없는 뾰족한 방울 끝
꽁꽁 언 겨울을
숨겨 두려나 보다
주목나무 봉긋한 가슴으로
마주 대하고
햇살에게 미소 짓는 새들의 노래 듣고 있다
정적을 삼키는 갈색이파리
사운거린다

비양도 해녀

바다를 그려왔다
*태왁망 가득한 해산물
자맥질에 숨을 몰아쉬며
건져 온 바다가 헐떡이고 있었다
굽은 허리에 바람불면 날아갈 듯한
해녀의 물옷은 더 가는 곡선을 그린다
지쳐 불콰한 얼굴인데도 서슬퍼런 생기
상기된 목소리 파도를 넘어간다
생계를 위한 물질이라고
나이를 잊고 살아가는 바다의 친구
너른 바다를 배경으로 걸어가는
구부정한 걸음 사이로
해풍에 실려 온 비릿한 내음 뒤엉킨
해녀들의 웃음소리
웃음과 눈물로 수위를 높여
얼룩진 그들만의 마당

스치며 지나간 풍경화
오랜 시간이 지났는데도
낯선 길 뒤돌아 보니
또 하나의 바다가 그려져 있었다

* 태왁 :해녀가 수면에서 몸을 의지하거나 헤엄쳐 이동할 때 사용하는 부유(浮游)도구이다.

마음은 강물을 따라

강물이 뒤척이며
말없이 흘러가는 까닭을
알 수가 없다
다만 가슴 속으로 물어 볼 뿐
제각기 다른 대답으로 들어앉은
표정이 한 없이 푸르다
멋들어진 커피 이름을
불러 보기라도 할 듯
유리창 너머로 손짓 하지만
다가설 수가 없다
창밖을 서성이는 네 소리를
오늘은 마음으로만 가두어 두자
찻잔 부딪히는 소리 가운데 퍼지는
운명의 왈츠
이 깊은 고요를 조용히 묻어둔다
먼 훗날 투명하게 맑은 목소리로
흐르고 흘러 솜처럼 하얀 구름
껴안은 하늘과 만나
한나절 끈적대던 열기를 식혀보기로 하자

바람이 앞서 걷던 길을 따라
어느덧 별은 존재의 의미로 다가와
가로등 불빛과 손을 잡고
시간은 조금씩 우리들의 손목을
가만히 놓아주고 있다

키 작은 나무

그늘 한 자락 만들지 못하는 줄로만 알았어요
미동의 인기척에도 놀라
몸을 오그리면서 파르르 떨리는 것이
갈색 이파리 우수수 떨어지네요
제 키만큼 영역을 키워
튼실한 열매 떼어 놓더니
그만 알 몸뚱어리가 되어
쓸쓸한 그림자 홀로 서 있다가
텅 빈 허전함을 어루만져
바람소리 엮어 만든 그늘 아래
가만가만 그 이름 불러 보아요
자꾸만 작아지는 키를 아쉬워하며
내 가슴속에서만 자라는 나무
비좁은 틈을 비집고 나와
세상을 노래하고 싶은데 잠겨버린 목소리
너무 작은 키에 주눅이 들어
비오는 날 무작정 흠뻑 젖어 버렸지요
크게 숨을 쉬자
바람이 하늘이 기대어 서기 시작했어요

아무리 작아도 제목소리를 낸다는 것은,
제 자리를 지킨다는 것은
살아있음의 또 다른 의미라는 것을 깨닫게 하려
따스한 햇살 가만히 내려놓아요

할미꽃

수줍은 듯 숨죽여 있는 솜털이
하얀 머리카락 같아 보인다했지
어릴 적 할머니의 포근한 손길처럼
보송보송한 부드러움이 묻어있는
봄기운 담은 붉은 빛이
가슴속에 뛰어들어 물들이고
다소곳이 내려다보고 있는 눈길은
흙을 향하여 멈추어 서
다가가 고개 숙여야만
눈길 마주치고는
긴 인사 나누지 못한 채
돌아서는 내게 손 흔들어 배웅하려다
다시 만날 날을 되물으며
바람을 따라 뒤쫓아 오고 있다

동상

손이 얼었다
얼어붙었던 마음이
한 순간 허공에서 녹아내리다가
발끝으로 떨어진다
살아가는 일은
해빙기를 거치는
빙하의 산맥을 오르내리는 것
발이 꽁꽁 얼었다
꼼짝 할 수 없이
땅에 붙어버린 발자국
오래된 화석처럼 굳어버렸다

나비

책 표지에 앉은 나비
날개를 퍼덕이다
이해 할 수없는 문장
쪽수를 넘나들며
더듬이를 모으고 내려앉아
꿀샘을 떨어뜨린다
달다
멀리 도망간다
무색 무형의 햇빛을 닮은
일탈을 꿈꾸는
나비 한 마리의 침잠
진혼곡 몇 마디 읊조리듯
조용조용하다

물소리

언제 부터인지
가슴에서 소리가 났다
해초처럼 흔들리는가 싶으면
마냥 돌을 던져 커다란 파문이 일고
어지러운 소용돌이 속에서 헤어나지 못하면
역류하는 물관 속에 갇혀버린
공허한 메아리들 이끼처럼 꿈틀거린다
물꼬만 트인다면 뒤돌아 서지 않을 텐데
꽉 막힌 실핏줄 앞에서 무력하기만 하다
어수룩하게 낡은 생각들이 허물어지고
집착의 끈을 놓아 버리자 소나기 되어 퍼 붓는 물줄기
막히지 않은 물길 찾으려고
툭 툭 혈관 하나씩 건드리면
저 아득히 깊은 곳에서
끊어지지 않는 소리
소리들

빨랫줄에 걸린 발바닥

세상의 때 비틀어 씻겨나간 양말
걸을 때도 힘겹게 지탱하더니
쉴 때도 꼿꼿하게 긴장을 하고 있다
날마다 같은 주인을 만나
신발 속에서 땀과 씨름하다가
급기야 축축해진 몸 내동댕이친다
무엇이든 주인을 잘 만나야
고생하지 않는 법을
이미 오래전부터 알고 있었으나
어쩔 수 없어 숨죽인 시간
파김치가 된 양말의 고단함을
탁탁 털어내어 빨아 널면
맨발의 숨소리가 편안하다
서서도 쉬어갈 수 있는 법을 배우려
오늘도 직립의 자세
늘어진 햇살을 마주보면
건조한 얼굴 환한 웃음으로 서 있겠다

팽이

꽁꽁 얼어붙은 바닥 같은 세상
팽이가 돌면 얼음판은
어머님 굳은 손바닥 같은 흔적 위로
기나긴 줄을 감고 내 목을 졸라요
내동댕이친 내 몸이 날카롭게 한 가닥
붙잡고 안간힘 쓰며 버티어낸답니다
쓰러지고 싶어도
버둥거리며 바로선채 어지럽게 돌아요
세상은 이렇게 현기증이 날 정도로
나를 뒤 흔들어요
제발
이제 그만 쉬게 해 주세요
채찍질을 멈추어 주세요
핑그르르 빈혈이 도졌어요

숨은 꽃

창문 너머
하얀 미소가 기웃 거린다
어둠을 지나 온 환한 웃음
막 문을 열고 들어 설 듯
인적 없는 벽과 벽 사이
오롯이 제자리를 지키느라
고단도 할 터인데 아침 이슬 머금어
아무도 모르게 피었다가
소리 없이 잎 덜어내는
바람 같은 미소
꽃이 되고 싶은 마음이 옮겨 앉아
신음처럼 터지는 탄성이
거름이 되었을지도 모른다
그렇게 홀로 지켜내야만
피워내는 것 이었구나
울어서 덜어내기 보다는
꽃으로 거듭나 열매가 되는 것이구나
일탈을 꿈꾸는 저 작은 몸집
활짝 웃었다
모든 것이 피어나는 아침이다

벚꽃 피던 날

만져질 듯
닿지 않는 꽃 무덤 머리 이고
마주 보며 손 내밀어
포옹한 채 부끄러워 하늘 가린
화사한 웃음이 곱다
그 웃음소리마저도 고요하게
흩날리는 꽃 이파리
눈송이 보다 더 가벼운 몸짓
가슴까지 가득 채운 들
내 안에 꽃 피워낼 수 있을까
바람에 이리저리 나부끼다
그만 지쳐 버렸나보다
힘없이 먼지와 섞이다
사라져 없어진
스스로 무덤을 만들고야 마는
벚꽃나무 흐드러지게 만개한 그날

2부

텅 비거나 혹은 가득 차거나

이별

그가 떠났다
그림자 한 쪽 벽에 걸어두고
홀로 걸어갔다
창 너머로 들어오는
이름 모를 별 마중하려
알람소리도 잠재우고
느린 걸음으로 창문을 두드린다
그만
작별하자
뿌리도 없는 어둠이여
너는 내 친구

오선지에 그리는 독백

가사도 없이
아주 간단한 허밍으로 부르는
떨리는 노래 있다
혼자만 알아들을 수 있고
부를 수 있는 노래
음의 높고 낮음을 몰라
좌충우돌 뒤죽박죽 엉키었다
낮은 목소리
천천히 느린 걸음으로 다가가
건반을 두드린다
어스름 달빛 같은 열정 흐르다가
마구 꿈틀거리다가
광시곡이 되었다
우울의 꽃이 피었다
영원히 지지 않을 빛을 가진
소리 없는 웃음을 닮은

바람이 부르는 노래

무의식중에 빠져드는
뜨거운 바람이 있다
검은 아스팔트 위를 돌고 돌아
건너온 바람이 너덜거리며
창가에 앉아 노래한다
나도 쉬고 싶다 쉬고 싶다
되돌이표로 밀려든 독백이
음표를 그린다
레코드판 위에서 바늘이 춤추듯
윙윙 박자를 맞추며 걸어간다
고음과 저음을 오가며
호흡을 조절한다
악보도 없는 것이
쉼표도 없는 것이

부르지 못하는 노래

나는 노래를 하지 못한다
사람들은 그러한 내게
노래를 부르라 한다
부르지 못하는 노래
억지로 부르고 나면
더부룩한 배가 아프다
잔뜩 긴장한 내장들이
뒤엉키고 부글부글 끓어
잘 해야지 잘 해야지
마음만 앞서고 엇박자다
한 박자 늦은 고음
애꿎은 조상 탓이다
꾀꼬리는 정말 노래를 잘 했을까
새장 속에 갇힌 고독한 마음을
노래 한 걸게야
바쁜 일상에 갇힌
내 가슴속의 노래는 언제쯤
시원하게 불러 볼 수 있을지
웅얼거리다 가버리고 만
세월이 덧없다

공허의 시간

부산하게 움직이던 걸음도
통증의 신음소리도
가는 주사바늘과 함께
폐기물 쓰레기통에 버려졌다
삶의 순간들을 이렇게
가볍게 버릴 수만 있다면
날마다 조금씩 덜어 놓을 텐데
쓸모도 없는 것들 담아 두느라
온몸이 천근만근이다
날이 밝으면 세상 근심에 익숙한
손길들은 분주하게 채혈을 하고
백혈구 적혈구 들쭉날쭉한 선을 그려대는
또 하루의 시작은
주사바늘 끝에서 멈춘 혈흔과
짙은 소독약 냄새로 과거를 희석한다
고립 되었던 어두움도 아팠던 상처도
조금씩 아물어 가면서
덮어 주면서 말이다

아무것도 아닌 것에 대하여

아무 말도 아닌데 상처가 되고
아무 일도 아닌데
멍이 되어 맺히는 수가 있다
살다보면 이렇게
아무 일도 아닌 것에
목숨 거는 날도 있는 것이다
하루하루
아무것도 아닌 것에
공연한 화는 병을 부르고
가슴은 활활 불이 났다
세상 모두가 불바다
화재진압 중인 몸뚱어리는
타다만 재만 남아 앙상하다
희나리 같은 초상화만 그려져
훅 하고 바람에 날아가 버릴 것만 같은
아무것도 아닌 것이
가슴을 헤집고 사라져 버렸다
상처가 되던 말도
아무것도 아닌 일도
바람처럼 날아가 버렸다

아주 오래된 슬픔

꽁꽁 언 가슴은
아주 오래전 마당에 그대로 멈춰 있었다
따스한 불과 온기로
녹여주려 하던 마음은
더 멀리 달아나 버리고
그렇게 한참을 냉동인간으로 살아가던
바람조차 스치고 지나갈 수 없는 순간들
꼬깃꼬깃 접고 접어 감추어 두었다
악다구니를 쓰며 몸부림 쳐봐도
목구멍을 넘나들지 못했던 슬픔은
늘 배고픈 입맛을 다시기에
너무나 쓰고 짭짤한 눈물이었음을
중년을 넘어서며 알게 되었다
낡은 외투에 바람이 구멍난 집을 짓듯이
가슴엔 송송 자국이 남았다

텅 비거나 혹은 가득차거나

지나간 시간을 껴안은 하늘을 바라보며
하나 둘
갈등과 걸음이 맞부딪혀
허공에 떠도는 것
구름 위를 걸어가는
위태로움 같은 하루가
허황된 꿈들이 기어 다닌다
잡아서 밟아 버리면 될
벌레도 아닌 것이
머릿속에 들어와 버티고 앉았다
빈 호두껍데기 같은 삶은
씻어내고 털어내고 몸부림쳐도
혼자이기를 허락하지 않았고
몸 부대끼며 부서지고 망가지다가
부메랑처럼 돌아와 앉은
쓸모없이 구겨진 종이 한 장
위로처럼 손에 쥐어준 이름
꿈

처음과 끝, 그리고

조금씩 혀를 내밀어
영역을 넓히는 환한 미소가
미처 희망이라고 생각하지 못했다
지상에서 쓰는 연서 일 뿐이라고
그렇게 가슴을 치고 들어오는 것이라고
쉽게 입술을 열어 고백을 하고 나면
어두운 그림자로 누워버리고야 마는
길었던 시간들 마디마디
관절을 꺾는 통증의 짧은 비명이
흐리게 시야를 가두어 두고
창대하리라던 말미는
그렇게 좁은 구석으로 내몰려
빛나는 뼈 촘촘히 몸살을 앓다가
기억의 골목을 서성이면
처음과 끝의 경계선이 없는
아주 여리고 희미한 빛
하얗게 접힌 뼈대 사이로 솟아오르는 태양
주린 배 움켜 쥔 가슴이 불룩하다

기다린다는 것

어쩌면 조바심 인지도 몰라
멍하니 하늘을 보면
가까이 다가와 앉아주는 것을
초조하게 서성이는 것은
습관인지도 몰라
쉽게 버리지 못하는 불안 인것을
오지 않을 것을 알면서도
열리지 않는 문 쪽에
시선을 고정시키는 것은
덜어내지 못하는 미련 때문이야
죽어야만 비워지는 마음을
알지 못하는 어리석음
너무나 긴 기다림 이야

외 사랑

그토록 오랜 세월
아무 거리낌 없이 대하더니
조금씩 삐걱대다가
심한 통증에 부목을 대야만 했다
글을 쓰거나
밥알을 세어 입에 넣으며
일상에서 한 번도
소중하게 생각한 적 없었던 불찰
이렇게 아픈 상처 더듬거리며
귀한 자식 어루만지듯 쓰다듬어 본다
늘어난 인대도
부종과 염증도
내게 내린 벌
지금은 모진 죄 값을 치르는 것이다
함부로 휘둘렀던 죄
안으로 모으고 있는 중
한 쪽으로만 쏠리던 힘을
분산시키고 있다
컵 하나 들어 올리지 못하는 오른쪽의
비통함을 왼쪽으로 넘겨주었다

조금 헐거워진 무게가
부드럽게 물결처럼 잔잔하다
많은 시간 무감각이었던 것들
모두 손을 들고 아우성이다
저요
저요
쉬고 싶어요

다시 너에게로 돌아가

남겨 놓은 것 그 무엇이 있어서
우리는 이렇게 서로를 그리워 했던가
다시 너에게로 돌아가
이전에 부르던 노래를
나 혼자 부르고 싶어진다

거센 바람이 가슴으로 불어오면
그 바람을 안고 잠들고 싶다
쉽게 다가서지 않을거면서
잔뜩 바람만 불어 넣은
너는 유죄다

하루를 건너뛰고
다시 상견례를 나누고 나면
심장이 두근거린다

오늘은 아니 내일은
다시 백지를 꺼낸다
미련한 것
아무것도 이루지 못하고
또 한 장을 찢어버리다니

긴 한숨이 허공을 돌아
죄가 되어버리고야 마는
현실속의 모순은
깨진 거울이다

가던 길 멈추고

오로지 가야 할 길이 있어
뒤 돌아 보지 않고
벗어 버린 몸뚱어리
비우고 비워진 시간 속으로
묻혀 버리는 것에 대하여
단 하나의 미련도 없는
혼자만의 세상을 걸어 걸어서
이제는 한 그루 푸른 소나무
가슴에 남아 솔 향을 전하네
주고받은 편지 사이로
따스한 온기가
조간신문에 고스란히 묻어져
펼쳐진 종잇장엔 온화한 미소
꽃을 피워 어둠을 밝혀주네
마음속에 잠긴 물기가
눈가로 번져 나와
가던 길 멈추어 선 아침
이슬방울 맑은 바람에 흔들려
풍경소리 아득하게 들려오네

기도

무릎 꿇어야 할 일이 너무나 많다
낱알의 밥풀이 들어가는 일부터
배설이 되는 순간까지
무사안일을 기원하는 마음
평상시 모르던 일들이
바이러스의 공격을 받아
전쟁이 시작되면
온갖 신을 동원해서
두 손을 모으게 된다
하루 종일 기도만 한다
손바닥끼리 마주 닿아지는
체온이 뜨겁다
확답도 없는데 빌고 또 빈다
해야 할 기도가 숨이 막히다
열손가락 헤아리는데
지나온 길 다 잊어버리고 말았다
두 손을 마주 잡자
봇물처럼 쏟아지는 애원의 소리
알았다고 대답하는 목소리라도
들려주었으면

내게 음악은

어떤 음악을 들을 땐 비가 와야 한다
어떤 음악을 들을 땐 커피를 마셔야 한다
어떤 음악을 들을 땐 서성여야만 한다
비가 오면 흠뻑 젖어야 하고
블루마운틴 진한 커피 향을 음미 하여야하고
서성이며 노래를 해야만 한다
내가 부르는 노래는 언제나 슬프다
내가 듣는 음악은 언제나 아프다
슬퍼도 아파도 음악은 늘 위로를 준다
손 한 번 잡지 않아도 따스하고
떠나보내지 않아도 허전하다
늘 배고픔 속에서도 든든하게
허기를 채워주는 음악은
때로 비가 되어 내리기도 하고
한 잔의 커피를 건네어 주기도 한다
서성이다가 마냥 걷다가
혼자 중얼거리는 말들이 노래가 되었다

그 노래가 영원불변의 음악이 되기를 바라는
간절한 마음이 오늘 또 나를 슬프게 한다
다시 또 쓸쓸하게 홀로 부르는 노래
공허하다

산행

얼마나 가파른 길을 올랐는지 모른다
이 고개 넘고 나면 평지가 나타나겠지
아니다
다시 또 가파른 길이 기다리고 있다
정상에 오르고 나서야 긴 한 숨을 내뱉는다
문득 살아 온 날들이
산 오르기를 수 십 번 한 것 같아
올라온 길은 아득해진다
절망과 좌절의 시련 속에서
내리막길을 향하던 날
기쁨으로 절정을 달리며
평탄 대로를 걸었던 날
그 모든 것들이 하나가 되어
산길위에 그려진다
먼지 나는 발자국이 그렇고
숨 찬 호흡이 그렇다
내려가는 길에 무릎관절이
이제껏 삐걱대왔던 삶을 돌아보며
살아갈 날들의 남은 시간을 헤아려 본다

여태 무감각으로 오르내렸을 산
정상에서 내려온 후에야
다시 오를 힘이 솟는다

비운다는 것

저 울창한 숲이 나의 것이라면
이 맑은 공기가 전부 내 것이라면
가질 수 없는 것에 대한 욕망이
이스트처럼 부풀어
일그러진 현실은 조각이 나고야 만다
세상 모든 것을 다 쥐어 가진 들
삶의 끈을 버릴 수 있을까
공짜는 없는 것이라고
받은 만큼 뱉어내는
세상이치가 헛되다
비워야 함을 알면서
버리지 못하는 것이 병이다

시詩

위에서 아래로
끝에서 위로 읽어도
같은 내용이 되는 시가 있다
모로 가도 서울만 가면 된다는 말도 있다
아무리 읽어도 가슴으로 끌려오는 글 이 없는
내 마음의 언어는 오늘도 속이 새까맣게 타들어 간다
밑바닥까지 긁어 백지위에 억지로 모아 붙인다
아무도 들여다 봐 주지 않는 빼곡한 글씨들
근본을 묻고 따져 보아도 묵묵부답 이다
끝에서 위로 처음부터 끝까지
길은 재개발 중이다
어설픈 천막에
찢어진 창문
시시하다
시詩

침묵

깊은 잠에서 깨어나려는지
얼음 덩어리 사이 눈 비비는 소리
이름을 알 수 없는 새 한 마리
출처도 모르는 먹이를 향해 날아들어
끊어질듯 위험 신호 같은 울음
살아 있음의 위대한 발견이다
악다구니 쓰는 산사람의 괴성이
함께 섞이자 산은 스스로 침묵을 내려놓고
퇴색된 빛으로 제 몸을 감당하는 나무에게서
함께 시들어가는 모든 것들에게 위로를 보낸다
시간은
세월은
이렇게 말이 없는데
너무도 많은 말을 하고 살았나보다
속울음 삼키는 법을 가르쳐 준 마른 잎
숨죽여 바스락 바스락
조용히 머물다 가라하고 한마디 남겨 놓는다

바람으로 눕다

세월 넘기기

글쎄,
나도 그런 적 있었지
다 덜어낸 앙상한 가지를
자랑스럽게 드러내놓고
억지웃음 흘리던 날

글쎄,
그런 생각 들었었지
길 위에 버려진 낡고 초라한
옷가지들이 제 허물인양
절로 쓸쓸해지던 날

글쎄,
언젠가는 나에게도 그런 날 오겠지
모든 것을 다 비워내야
비로소 흙으로 돌아가는
후회로 얼룩진 진창길
흔들림 없이 걸어가는 날

꿀꺽,
세월이 독극물처럼
싸하니 넘어가 버렸다

연꽃 바라보다

어쩌면 내가 아닌지도 모르겠어
입술을 열어 무어라고 하는데
왜 난 하나도 들리지 않는걸까
귀를 아무리 가까이 대어도
너의 속삭임이 느껴지질 않아
알고 싶어 하는 모든 것을 물어도
대답해 주지도 않았어

지금 여기 서 있는 사람이
내가 아닌지도 몰라
내 안의 다른 사람이 몰래 나와
너에게 손을 내미는 것인지도 모르겠어
그런데 이상하게도
깡마르고 건조하기만 하여서
속이 궁근 웃음 겉돌기만 하지

깊은 물속 발 담그고
정적 가운데 그렁그렁한 옹알이
너만의 독백을 주워듣기 위해
네 주위만 맴 맴돌다
오늘 하루도 시들어 버리고 만
마른 내 가슴위로
보란 듯이 하얗게 꽃을 피워 주었지

머리카락 하얗다

언제부터 내린 서리인지 모른다
머리 숙여
책을 읽는 그의 머리카락은
지난 세월 찬 서리 같은 상처
모두 기억하는 듯
그려내고
서릿발 같은 생각들이
기어나와 앉은
은백의 물결무늬
갈기갈기 찢어진 지느러미 닮아
눈처럼 쌓이는 시간들
새하얗다

바람으로 눕다

간질이듯 살랑대는 바람
한두 번으로 쓰러질 리 없는데
몇 번 흔들다가 젖은 손길 내밀어 보인다
돌아보면 장편의 서사시 같은
과거의 무거운 그늘 속에서도
꿋꿋하게 지켜온 흙의 반란
그들은 아스팔트에 갇힌 채
오늘도 바람을 타고 떠돌아다닌다
감금된 것이 어디 흙뿐이랴
보이지 않게 우리는 서로의 마음을
가두고 사는 것이리
차라리 비에 젖고 싶어
먹구름 몰고 온 하늘
마주 대하다가 지친 듯 쓰러져 버리면
바람으로 눕는 것이다
바람 속으로 숨어 버리는 것이다
방법을 알 수 없는 술래잡기를 배운다

낯설다

낯선 곳에서
익숙하지 않은 얼굴을 본다
엉키어져 있는 것은
욕심이다
쏟아내어 풀어지고 나면
가슴으로 고이는 소금기
와르르 봇물이 터지고서야
주워 담을 줄 안다
낯선 곳에서
이방인의 웃음과 울음을 듣는다
누구의 것인지 아무도 모르는
그물 같은 슬픔을
자꾸만 그려 넣는다
낯선 거리에서
그 누구도 모르게

멀었다

눈이 멀었다
돈에 멀고
사람에 멀고
나 자신에게 멀고
너무 아득하기만 하여서
멀어진 것들
더 이상 다가갈 수 없는
이별이다
아직 멀었다
네 마음에 가 닿으려면

나무와 손잡다

도심의 아파트에
뿌리내린 나무는
출생지가 어디였을까
낯선 곳에서 제 몸을 부풀려
양손을 모두 펼치며
오가는 사람들 불러 모은다
파고라의 등을 덮은 나무 그늘아래
졸다 고개를 든 노인의 손바닥에
소인도 없는
한 장의 편지가 떨어진다
고향은 어디이고
언제 떠날 것인지 보채듯 몸을 흔들어 보이면
어디서부터 어떻게 꼬이기 시작한 것인지
아무도 모른다 시치미를 뚝 떼고는
오후의 햇살이 나른한 과거 속으로
걸어 들어갈 무렵
이마 위에 얹은 손이 세상을 가리고
바람은 알 수 없는 미소로 스쳐지나 갈 뿐
나무가 전하는 말을 읽을 수가 없다

허공에 내밀어진 손이
유난히도 거칠다

봄, 기지개 켜다

봄이 깨어지는 소리
타악기처럼 빗방울들
창문을 두드리면
무심히 흘러가던 구름
와글거리며 흔들리는 나뭇잎
포옹하듯 안아줍니다
앞서가는 차가 뿌려놓은 삶의 무게가
부서지는 빗방울 되어 튕겨져 오르고
소음도 평면의 음악이 되었다가
또 다시 또르르 구릅니다
제 키만큼 몸을 불려온
나뭇잎들이 흠뻑 물을 마시고는
배부른 듯 몸을 흔들어
까르르 웃는 모습이라니
이젠 다 컸다고
부푼 몸 으스대며
여름 마중 갑니다
뜨거운 태양
무서운 줄도 모르고 말이지요

벌써부터 폭염에 지쳐 울어댈
매미울음처럼 빗방울 윙윙대는
봄, 비는 내리고
가고자 하는 곳을 향하는 발길은
이렇게 늘
쓸쓸한 가 봅니다

시계바늘 소리 잠들다

오랜 세월 내린 비가
젖은 발길 어루만져
상쾌하게 시야를 맑게 하는
지상의 화석처럼 박힌 발자국
또박또박 갇혀있던 길 걸어가면
어둠은 조금씩 물러서 준다
경계 없는 시간의 담장을
넘나들던 일상의 끄트머리에서
반복되어지는 걸음
정해진 틀 속을 향하면서도
늘 새로운 것을 꿈꾸는 우리
비우고 버려야 할 것 너무 많은
삶의 무게가 버거워
하나씩 벗어던진 나뭇가지에
돋아나는 새살들
때론 걸림돌에 부딪혀
넘어지고 일어서고
호흡을 가다듬어 가는 중이다
쉼 없이 전해지는 따스한 손길과
살아있는 것들의 고요

시간을 읽어가며 여문 씨앗들
찬란한 태양으로 싹을 틔워
희망의 문을 활짝 여는 발 길
가지런하고 성스럽다

연꽃을 닮다

진흙 속에 발 담그고
모든 인연을 응시하고 있다
깊이 잠긴 뿌리에
가득한 수심은
길게 키를 세운 내공의
진득한 오기가
한 송이 꽃을 피워내
아무리 손가락질을 해도
절대 부끄러워하지 않는다
눈물을 흘리지도 않는다
다만 속울음을 삼키며 겉돌 뿐이다
어느 것 하나 버리지도 못하고
오롯이 몸과 마음이 되는
꽃 진 자리
알알이 박힌 연밥은 상처로 남았다
비워내고도 모자라
꽃꽂이용 수반에 갇혀버리고야 마는
과묵한 미소
또 한 生을 닮았다

스며들다

너덜거리던 일상의 파편들
어지럽게 세상을 뒤 흔든다
거짓과 참을 오가며
쉼 없이 계산을 해 보나
공수래공수거 일 뿐
정해진 시간은 없다
흘러간 날들이 중요한 것은 아니다
남겨진 여백 찾고 싶어
걷고 또 걷는다
하늘 향해 선 편백나무 숲
수많은 생명줄을 이어 놓은
전봇대 춤을 춘다
나무가 뱉어 놓은 적막한 고요를
빨대처럼 흡입하면
침입자는 그대로 녹아 들겠다
간절한 소망처럼 흘러내린 악성 신생물
자연과 사람이 하나 되는 믿음으로
나무는 그렇게 스며들고 있다
그대로 나무에 스며들고 싶다

가을을 읽다

가을이 손 담그는 사이
소스라치게 목을 스치던 바람에도
따스한 온기는 머물고 있었다
휘어진 기둥에서 쏟아지는 낱장들
고스란히 가슴에 쌓여
이렇게 나는 호흡을 하고
그렇게 너는 숨을 멎을 때
젖은 기억을 바삭하게 말려
한 구의 시신을 가슴에 묻어둔다
무덤으로 남은 너를 위해
고작 할 수 있는 것은
잡초를 뽑아내는 일과
물을 뿌려 갈증을 해소시켜 주는 것
오래도록 잡풀 무성한
사라져버린 길을 찾아 헤매는 것
그러다 마주서면

아–
외마디 비명 한 번
불러 주는 일
가슴 뜨거운 일이다

동백꽃 떨어지다

동백꽃 벙글다 지는
서럽게 꼿꼿한 얼굴
떨어져 누운 자리
꽃밭이 되었다
추락하면서도 지워지지 않은 화장
떨어짐의 찰나
그 안간힘이 물들었을까
그도 아니면 교만일까
엇갈린 추측 속에 소문만 무성하고
태연하게 웃고 있는 상기된 볼
살아있음의 흔적이
점 하나 찍는 일이려니
접어두고 가는 길 마지막까지
화사한 얼굴이 진정 꽃이려니

붕어 날다

기어이 저 벽을 뚫고 나오려나 보다
형광등 불빛에 반사된 눈
화석처럼 박힌 비늘의 무게가 무겁게
날카로운 미늘이 된다
포물선을 그려대던 움직임과
영원한 미스터리 같은 스릴은 우선멈춤
먹물 뒤집어 쓰고 네모난 액자에 갇혀
고립의 드라마가 되었다
비상하는 꿈의 날개 반짝 비늘이 빛을 발한다
퍼덕거리는 물방울 꼬리에 달고
난다
부푼 희망을 껴안으며
날지 못한다는 자각증상까지 실종한 채
높이 더 높이 허공을 날아오른다

아무도 몰랐다

나도 몰랐다
너도 몰랐다
아무도 몰랐다
세월이 벗어놓은 짐이
눈덩이처럼 무겁게
머리는 머리대로
다리는 다리대로
처음과 끝이 중심을 잡지 못하고
녹아서
흘러내려서
뒤뚱거리는 삶이 될 줄
세상은 몰랐다
아무렇게나 나뒹구는
시간의 부스러기들
낙엽만도 못하다

숲에서 길을 잃다

짙은 초록의 바탕화면
연못을 헤집고 다니는 잉어도
연잎위의 연꽃도
햇살과 밀담을 나눈다
셀 수 없는 날을
이슬 머금고 바람 잠재워 키워 온
푸르름이 날렵하게 하늘을 거머쥐고
새들의 노래는 허공을 맴맴 돌아
셔터를 누르는 손길에
저장 되었을 시간과
만개한 꽃들 사이에 숨어있던
감탄사들은 가슴으로 뛰어들었다
휑한 눈으로 낚아챈 태양을
조심스럽게 내려놓으며
하루를 삼키다 만 저녁노을
자작나무 길게 한숨을 내뱉는
지금
하얗게 지워진 기억의 길모퉁이를
헤매고 있을 뿐이다

목단 꽃잎 마르고

한 여름 피우던 꽃 이파리
책 속에서 잠들었다
삐쩍 마른 날개 조각
군데군데 얽어 곰팡이 핀
주름진 얼굴에 검버섯 같은
나이를 본다
세월의 흐름이야 어쩔 수 없다지만
꽃잎은 그대로 꽃이다
한 방울 가슴으로 떨어져
촉촉하게 적시어 주는
기억 속에 머무는 목단꽃잎 검다
짙은 보랏빛 몸 사르고
새까맣게 타 버린 속
흉내 내기라도 하나 보다
검은 빛으로 바라보고 있는
작은 웃음 하나
잃어버린 꿈을 닮았다

모든 것은 엉키어 있다

엉킨 전선
세상을 얽어매어 놓은
한 귀퉁이를 돌아
가는 선이 뭉뚱그려진 틈
뒤엉킨 머리카락
전선 사이로 지나가는 것은
고립된 생각 뿐
뼈 속이 텅 비어 버린 것만 같은
그래서 이내 머리까지도
하얗게 비우고야 마는
처음으로 돌아가는 것
스타트 버튼 하나로 시작 하는 생
손가락 한 마디가 두드리는
종료키는 부저를 울리며
까맣게 사라져간다
화면 가득하던 화려했던 날들
언제 그랬냐는 듯
무덤덤하다

아침 6시를 읽다

밤사이 잠들어 있던 내장들
뒤틀리고 꼬였나보다
여섯 시 엑스레이를 찍으러 가는 발걸음
바닥에 끌려가는
기름때 찌든 바퀴 같다
윤활제를 링거 병에 매달고
발끝까지 전달되어지는 순간이 되도록
찡그린 숨통 펴질 기미가 보이지 않는다
뼈와 뼈 살과 살
그 사이사이마다 흘러드는 돌기들이
제 자리를 찾으려고 뒤척인 흔적
까맣고 뿌연 필름으로 나타나
방사선 화살촉 같은 진단으로
영생을 꿈꾸는 새벽
덜 깬 눈 비비며 필름을 맞추는
손길이 더디게 시간을 읽는다
공허한 메아리
순식간에 촬영실은 산이 된다
– 숨 꼭 참고 움직이지 마세요

하나
둘
태어날 때부터 숫자놀음에 익숙한 사람들은
오늘도 구령을 외치며
뒤죽박죽 엉킨 순서를 꿰매고 맞추어 가면서
고개를 넘어가고 있다

초록, 그 짙은 몸살

초록, 그 짙은 몸살

황토 흙빛 길은 추억이다

허옇게 까칠한 옷을 입고
발을 걸며 위태로운 길 안내를
하고 있는 산길
産痛의 신음소리를 뱉어
길게 자리 잡은 듯
구불구불 구부러져
쉽게 펼쳐지지 않는 지도를 따라
새들은 저마다의
알 수 없는 언어들로 소통하고
숲의 귀는
그것들을 들으려 온통 열려있었다
흔들리는 것은 가느다란 이파리
벌레들이 매달려 신음한다
짙은 초록으로 멍이 들었던
나뭇잎 하나
신열이 난다
호된 몸살 앓았나보다

황토 흙빛 속으로 길은 사라졌다

책 속의 길

꿈틀거리는 길이 보였다
글자와 글
행과 행 사이
낡은 수묵화에 번져있는
실처럼 가는 여백이 기어다닌다
그 누구의 손금이
이렇게 파란만장 할까
어디에 찍힌 지문이
이렇듯 난해할까
책을 펼쳐들고 읽어야 할 본문 대신
잔잔하게 흔들리는 파도를 본다
몇 갈래로 나누고 묶어도
결국은 하나의 길로 통하는
마음의 경전은 사라지고
가슴에 남아있는 법法이 없다
눈앞에 아른거리는 길을 따라
다만 걸어갈 뿐이다
그 굽은 길은 울음까지 삼켜버린
소리 없는 바다가 되었다

설

명절 이란다
화제의 소반에 올라 온
걸출한 등장인물들이 한꺼번에 쏟아진다
수많은 혀[舌]가 들락거리며
뱉어 놓은 말[說]들
주워 담을 수 없는 비리
빗자루로 쓸어도 소용없이 흩어진다

명절 이란다
제 멋대로 부려놓은 혀[舌]들이
지치지도 않고 떠들어댄다
폭설[暴雪]이 지붕을 누르고
말씀[說]이 무게를 떠받들고 있는 지금
영원한 우리들의 명절 이란다
말씀이 명절이 폭설이 혀가
한꺼번에 뒤죽박죽 되어가는 세상
썰이란다

겨울, 창가에서

바람이 목을 감아 다가선다
창문을 덜컹대던
날선 외로움
번뜩이며 칼을 갈고
유리창을 긁어 대는
저 무미 건조증 환자
부스럼 꽃 성글게 핀
불투명의 창밖으로
제 얼굴 그려 넣으려
톡 톡 톡
추위를 다독이며
안부를 묻는다

무심코 길에 서서

어느새 유채색 물감을 풀어 놓아
이 많은 그림을 그렸던지
푸르던 잎 보이지 않고
온통 색을 입었다
색동옷이 되었다가
스러진 고목 풍경화가 되었다
그 많은 물감은 어디에서 났을까
붓으로 그려낸 손놀림이 재빠르기도 하다
발걸음에 찍히는 건 무딘 발자국 뿐
어디에도 붉은 빛이 없다
아는 것이 힘이라던 세상은 가고
아는 것이 병이 되어버린 날들
알고 싶어 하지 않아도
계절은 어김없이 찾아와
눈을 시리게 만든다
한 잎 낙엽조차도 저리 나이 들어가거늘
한두 살 나이 먹는 일에 왈칵 겁이 난다
아직은 할 일이 너무나 많다고
아직은 알아야 할 것들이 너무나 많다고
속으로 헤아리던 말들이
나뭇잎과 함께 굴러 가며 세월을 비웃는다

그 웃음소리에 놀라
가던 길을 멈추어 섰다
아무것도 보이지 않는 파란 하늘
나뭇잎 저 혼자 붉어지고
저 혼자 늙어가고

송어 낚시터에서

구멍구멍 함정을 만들어 놓는다지
두꺼운 얼음 속에 살고 있는 것 다 안다며
뜰채로 살살 달래가면서
너의 목숨을 노린다지
미끼를 물고 찌가 솟아오르기를 기다리는
손길은 느리게 느리게 찬 공기에 섞여
매끈한 몸매 꼬리치며 따라 올라오는
송어 한 마리
얼음 속에서 꽁꽁 얼었던 몸 푸는
광란의 춤사위로 햇살과 마주서 흔들어댄다
누군가에게 잡혀서 희망과 희열을
느끼게 한다면 행복한 일 아니겠는가
서로에게 발목 잡혀 한 생을 수놓아가는
삶과 별반 다르지 않은 얼음판의 승부
잡고 잡힌다는 것
다 그런 것이라고
얼음판을 가르며 썰매를 타는
아이 웃음소리 쨍 하고 깨진다

서울로 가는 길

서울이라는 말이 서운하다로 들린다
혀끝에서 돋아난 말이 어긋나기 시작하면
삶의 희아리 같은 패배감에
어깨가 축 늘어진다
수많은 바퀴들의
밀물처럼 쏟아지는 빛의 경주
검은 연기를 내 뱉으며 달아나는 것들에게
도로의 가벽은 살아남으려 안간힘 쓰는
담쟁이넝쿨의 넓은 가슴이 되어 주고 있다고
버티어 선 채 주름살을 그리고 있다
아무렇게나 얼룩진 줄무늬에 비가 내린다
어쩌면 눈물로 지워진 화장이거나
흐린 수채화가 그려지는 것인지도 모르겠다
살아있는 것들은 시간을 더해갈수록
무채색이 되어가는 것이거나
무덤덤하게 일상에 파묻혀 버리거나
뜻대로 되지 않는 세상사 모든 것이
원점으로 되돌아오는 윤회의 거리
희미한 듯 서울이 서운하게 다가온다

깨밭에서

깻잎 모종을 심고 햇살과 바람과 비
웃자란 키가 가득 웃음을 머금으면
깨 순 치기를 한다
깨끗하게 이발을 한 느슨한 깨밭에서
수많은 깨알을 부려 놓으려고
제 몸 잘라 알맹이를 채우려는 깻잎 순을 따내며
자식을 위해 온 마음을 다하는 어미의 마음이 된다
세상 이치는 모든 것에 희생이라는 의미를 두고
생과 사를 연결해 주는 것인지도 모른다
산란과 동시에 생명줄을 놓아버리는 연어의 죽음이
어쩌면 이 땅의 모든 것들에 대한 대변일거라고
숙연한 마음이 땀방울을 닦아내면
하늘엔 먹구름이 잔뜩 비를 몰고 와
어둡던 마음을 감싸안아주려 젖은 손 쓰다듬는다

병실에서

출입문에 붙은 유리창
그 너머 있는 것은 무엇일까
숨통을 거머쥐고 독성의 혀
날름거리는 덩어리들
네가 아픈 만큼
내게 정체되는 고통
보여주는 만큼만 아는 것이라고
더 이상 알고 싶지 않다
내가 너 일수 없고
너 또한 나 일수 없는 지독한 배역
한낮의 먼지처럼 가볍고 희미한
고요 속으로 걸어가는 길
너무 멀어 가기 싫다

밤길

네온불빛 환한 거리
가슴에 켜 놓은 등이
거기 서 있었구나
어둡게 감추어 놓았는데
그렇게 밝게 웃고 있구나
어쩌면 꿈이거나
짓밟힌 욕망이거나
잡히지 않는 그 빛들
내어놓고도 마음 놓이지 않아
가까이 붙잡아 두고 싶어지는
놓쳐버린 풍선같이 하늘을 떠돌아
언젠가는 흔적도 없을
신기루를 쫓는 허망함이
오늘도 여기 저기
불빛으로 다시 태어난다
밤 깊어도 꺼질 줄 모르는 열정
내게도 그런 날 있었다

눈 마주치고도 부끄럼 없이
바라보아주는 광고 간판이
오늘따라 유난히 흔들린다
아무도 유혹하는 이 하나 없는
이 거리에서

그림속의 여자

낡은 액자 속에서 웃고 있다
장미꽃을 단 모자이거나
하얀 레이스가 돋보이는 원피스이거나
두 볼이 발그레한 미소가 누워있다
파스텔 색조로 흩뿌려진 얼굴
모자를 쓴 또 다른 얼굴이
돌출되어 다가온다
르누아르는 말한다
–그림은 영혼을 씻어주는 선물 이어야한다
한 생명과 생명에 혼을 불어 넣으면서
그렇게 말했으리라

낡은 단어와 단어 사이에
나는 무엇을 남겨두었을까
詩는 마음을 닦아주는 거울이라고 한다면
그에 대한 답이 될 수 있을까
내가 아는 한 여인의
꽃무늬 모자가 머리에 그려진다
환하게 웃는 미소가 스쳐간다
거울을 본다
가볍게 흐린 내 가슴을 지우고 간다

완성하지 못한 글씨가 흔들린다
그녀의 미소가 환하다

가을, 그리고

나는 지금 가을이다
세상 짐 다 벗어 버리듯
나뭇잎 떨어지는 가을이다
우수수 소리가 퀭한 가슴으로 스며
황금빛이 되는 바다
가을 속으로 걸어간 상처는
아물지 못하고 덧났다
소독액이 닿으면
거품처럼 생겨난 기포들이
삶을 포기한 채 아우성치다 말고
먼 훗날
문득 방문을 열면
찬 서리 가슴 쓸어내리는 늦가을이겠다
겨울지나 봄을 기다리는 성급한 주문을
외우고 또 외워 보고
직립의 시간은 꼬박 밤을 일으켜 세운다

가을 , 갈림길에서

수많은 세월의 갈림길에서
버티어낸 저 높은 첨탑
지는 노을에 몸을 의지한 채
뱉어 놓은 가는 숨결에
목이 마르다
가을, 아니 겨울 앞을 서성이며
살아있는 모든 것들에게
옷을 갈아입히기에 분주한 손길
저 여민 옷깃 눈이 부시다
산다는 것은 이렇게 시시각각 물들어 가는 것
따사로운 햇살이 등 돌려
나뭇잎 떨어진 빈가지에
걸터앉은 하늘
샛노랗다

봄과 여름사이

빗줄기가
너의 머리채를 흔들던 날
거리는 땀으로 얼룩진
보도블록 위로 무수히 많은
자국을 남겨 놓았다

떠나고 난 빈자리의 무게가
발돋움하며 올라와
가슴까지 차오른
미움의 씨앗도 싹이 텄다

높이 뛰어 오르기도 하다가
낮은 곳에서 헤어나지 못하기도 하다가
초록은 날마다 새 옷을 얻어 입고
히죽이 웃었다

호젓한 길 위로 뿌려 놓은
한숨들이 뜀박질해 당도한 그 곳
숲에는 바람이
맺힌 눈물방울 말리고 있었다
맑은 웃음소리가 났다

가을 문턱에서

아직 열리지 않은
문을 열고 들어섰어요
억지로 몇 개의 이파리
얼굴 붉히는 나무 아래 앉아
올려다보았지요.
나뭇잎 떨어지며 웃고 있어요
바스락 소리도 지르네요
적선처럼 내려놓은 흔적을 따라
걸으면 심장 뛰는 소리
뒷덜미를 잡는 파란 하늘
그려야 할 수채화는
마르지 않은 물감 번지듯
구름 떠다니면
평생을 그리다가 미완성으로 남겨질
나뭇잎 물들어 가는 소리
한 발 한 발 다가서며
틈 사이로 내미는 얼굴
서럽도록 고와서 눈물이 나요

오래된 이야기

툭 툭 부러지던 때 있었다
부러지고 나면 사이를 메운 골수가
흥건하게 고여지곤 해서
닦아 내기엔 아까운 것이라고
버리지 못하고 바라보던 때 있었다
꺾이지 않기 위하여
발버둥 쳐 온 나날들
부질없다 느꼈을 땐 너무 늦었다
더 이상 부러질 것 없는
꼿꼿한 자존심이 고개를 쳐든다
억지로 밀어 넣으며
배에 힘을 주고 나면
뚝 뚝 눈물 떨어지는 소리
심장박동이 더 크게 들리는 날
작은 키가 오그라들던 때 있었다

찻집에서

거뭇한 그을음
낮은 조명등에 꾸물거리는 글씨
눈에서 가물가물 멀어져 간다
신작로에 내리던 봄비가
따라 들어와 낯선 곳에 정착 할 즈음
불빛 이어 놓은 줄에 두터운 먼지
그 두께가 가볍게 경련을 일으키고
외투를 벗어 놓은 의자 위에
툭 떨어지는 고뇌의 조각들
신음 같은 소음 속에 추억이 쌓여진다
그것이 시간이리라
시간은 그렇게 묻어 지리라
더 할 수 없이 무거운 삶의 흔적들이
노래와 술잔 속에서 흔들리고 있다
뜨락에 쏟아지는 눈물처럼

하늘 길

땅을 보고 걸으면서도
하늘에 길이 보였다
한 줌의 재가 그려놓은
낮은 속삭임이 피어올라
길 아닌 곳에 또 다른 길을 내어 주느라
느린 걸음
어느 새 뭉게구름 되어
둥 둥 떠다니던 가벼운 웃음
아무에게도 보이지 않는
하늘 길은 은밀하게 나타났다 사라지고
하루를 벼리던
고달픈 걸음 멈추어 섰다
그가 서 있다

흔들리는 봄

보푸라기 일듯
툭 불거져 나온 싹
하필 자줏빛 새순으로
땅을 밀고 올라와
궁금증에 발목 잡혀 벗어날 수가 없다
몇 번의 바람이 스쳐 지나가고
뜨거운 입김
흐느낌을 껴안으며
터질 듯 솟구쳐 올라
단비 한 모금 목을 축이면
참았던 울음 터뜨리겠다
뚝 멈추어 선 눈물
모두가 색맹이다
약해진 시력 사이로
흔들리는 세상이 보였다

쓸쓸한 고백이 건네주는 따뜻한 위로

-최운경의 시집
『텅 비거나 혹은 가득차거나』-

나호열 시인

쓸쓸한 고백이 건네주는 따뜻한 위로

나호열 (시인)

며칠 전 저녁때의 일이다. 저 멀리 병원의 어두운 등 너머에서 얼굴을 내민 반달이 둥싯 떠오르더니 어둠에 묻혀 사라져버린 해의 행로를 따라 터벅터벅 서쪽 하늘로 멀어져 가고 있었다. 도시의 불빛이 주는 향기 없는 눈부심 때문에 어여쁜 아낙네의 속살 같은 은은한 달빛은 한 여름 밤의 열기 속에서도 차갑게 식어가는 듯 하였고 이제 탱글탱글한 보름달로 속이 꽉 찰 저 단내 나는 달빛은 이 도시의 그 누구에게도 꿈과 낭만의 결정체로 보이지는 않을 듯 싶었다. 문득, 그 누구도 우러러 보아주지 않는 저 달과 시인의 운명이 다르지 않을 것이라는 생각이 일어났을 때 부딪치는 질문은 이러하리라.

시인은 왜 시를 쓰는가?

이 세상에는 시인이면서 시를 쓰지 못하는 사람이 있는가 하면 시인이 아니면서도 시를 쓰는 사람도 많다. 이 말은 허울과 같은 등단제도를 통해 시인의 자격을 얻었으나 허세와 진술을 한사코 시로 여기는 사람이 있는가하면 심금을 울리는 언어의 미학을 완성하는 장삼이사張三李四도 적지 않다는 것이다. 사정이 이런 까닭은 시를 추동하게 하는 시심 詩心을 어떻게 받아들이고 있는가 하는 태도에 있다고 보인다. 한 마디로 말해서 시심은 시인을 둘러싼 일체의 외부 세계와 현상에 연민을 느낄 때 촉발되는 것이다. 이 촉발된 연민이 항구한 미적인 감동으로 연계될 때만이 시의 얼개가 갖춰지기 시작하는 것이다. 구상 시인은 「시심詩心이란 어떤 것인가」에서 다음과 같이 말한다.

시의 발생 원인인 시심이라는 것도 오직 수동적 상태만으로 보면 본래가 지극히 우발적이고 충동적인 것으로서 오직 그것만으로는 시가 만들어지지 않는다. 한마디로 말하면, 여기에다 능동적이고 지적인 활동이 따라

야 비로소 표현의 세계에 나아갈 수가 있는 것이다. 즉, 앞에서 말했듯 시를 불러일으키는 마음이란 스스로가 질서를 지어서 보존하고 전달하려는 독특한 에너지를 지니고 있다고 했는데, 바로 이 에너지를 능동적으로 발동시켜 그 자연발생적 감동과 감흥을 어떻게 표현하여 정착시키느냐 하는 방법과 기술의 문제가 대두되는 것이다. 바로 이 점이 시의 어려운 작업적 측면으로서, 여기서 다시 폴 발레리의 말을 빌면 〈훌륭한 시란 뼈를 저미는 고통이 작업에서 빚어지고, 예지叡知(여기서는 작가의 자질의 뛰어남을 가리킴)와 끊임없는 노력의 기념비요, 의지와 분석의 소산〉인 것이다.

이와 같이 시를 쓰기 위한 단초인 시심의 명확한 인식이 부족하게 될 때 '뼈를 저미는 고통'이 보이지 않는(삶에 대한 진정성이 담보되지 않는) 사이비 시가 잡초처럼 기생되는 것이다. 사정이 이렇다 해도 시를 쓰는 행위 자체가 시 쓰는 존재(시인)의 확인이라는 명제를 훼손하는 것은 아니다. 문자화文字化는 요즘 유행하는 말로 소통을 간구하는 행위이며 타자 他者(독자)를 통한 시인의 존재 증명이기 때문이다. 저 무량한 달빛이 가로등 하나 보다 효용 가치가 없다고 보일지라도 그 달빛은 온갖 생명이 잉태되고 죽어가는 숲을 비추고 먼 길을 가는 나그네의 벗이 되어 주듯이 누군가에게 달빛과 같은 존재가 되고 싶다는 열망이야말로 시인의 존재 이유를 합당하게 하는 것이 아니겠는가. 그러하기에 이름을 얻지 못해도 음지에서 시심을 가다듬는[十年寒窓無人間] 이에게 시인의 칭호를 부여하는 것은 전혀 어색하지 않은 것이다. "시인은 왜 시를 쓰는가?"에 대한 답변으로 글 쓰는 자의 존재 확인이라는 답이 미진하다면 한 마디 덧붙여도 좋겠다. 시詩라는 독백 행위를 통한 자기 치유의 과정!

『텅 비거나 혹은 가득차거나』는 『햇살을 부르다』(2006년 간행)에 이은 최윤경 시인의 두 번째 시집이다. 시인으로서의 연륜이 쌓여간다는 것은 이미 형성된 시관(주관)을 공고히 하는 일이거나 아니면 자기 갱신을 꿈꾸는 탈바꿈의 과정일 것이므로 시집 단위로 시를 읽을 때에는 자연스럽게 이 두 가지 관점에서 살펴보게 된다. 그렇다면 과연 최윤경의 첫 번째 시집 『햇살을 부르다』와 『텅 비거나 혹은 가득차거나』사이에는 시인의 세계관의 변이와 수사법의 숙련과 같은 변모가 드러나 있을까?

부정을 넘어서서 긍정의 힘을 얻다

시인 최윤경은 직업을 가진 생활인으로서, 주부로서

누구보다 성실하게 살아온 사람이다. 직장과 가정을 오가면서 부딪치는 상처와 회한이 어찌 없겠느냐마는 여려서 쓰러질 듯 하면서도 쓰러지지 않은 강인함이 이 시인에게는 있다. 알다시피 시인의 일터는 병원이다. 삶의 파노라마가 집약되어 있는 곳, 깊은 밤에도 불이 꺼지는 법이 없는 병원은 희노애락이 겹쳐진 한 장의 그림과도 같다. 육신의 고통에 신음하는 사람들, 새 생명의 탄생이 있는가 하면 다 타버린 촛불같이 스러져가는 죽음도 있다. 이와 같이 압축된 희노애락의 현장에서는 연민과 사소한 감상感傷은 허용되지 않는다. 강요되지는 않았을지라도 타자화他者化되는 희노애락의 현장에서 로봇처럼 살아간다는 것은 못 견디는 일이 될 것이고 그럴 때 이 세상은 환자로 가득한 거대한 병원으로 우리에게 다가오기 마련이다.

지나간 시간을 껴안은 하늘을 바라보며
하나 둘
갈등과 걸음이 맞부딪혀
허공에 떠도는 것
구름 위를 걸어가는
위태로움 같은 하루가
허황된 꿈들이 기어 다닌다
잡아서 밟아 버리면 될
벌레도 아닌 것이
머릿속에 들어와 버티고 앉았다
빈 호두껍데기 같은 삶은
씻어내고 털어내고 몸부림쳐도

혼자이기를 허락하지 않았고
몸 부대끼며 부서지고 망가지다가
부메랑처럼 돌아와 앉은
쓸모없이 구겨진 종이 한 장
위로처럼 손에 쥐어준 이름
꿈

－「텅 비거나 혹은 가득차거나」 전문

타자화된 희노애락을 수긍해 버리면 우리의 삶은 한결 편해질 것 같지만 주어진 정황은 그리 녹록치 않다. 타자화된 삶을 내 것으로 받아들일 때 평안을 얻는 대신 개인의 자아는 기계에 부림을 당하는 노예로 전락해 버리고 타자의 삶을 살아가는 기생의 존재로 전락해 버린다. 그렇기 때문에 '꿈'이라는 것은 내가 나이기를 각성하는 중요한 기제가 되는 것이다. 좀 더 깊이 생각해 보면 '텅 빔'과 '가득 참'은 모순 항項이기도 하다. 무엇인가가 비워져야 그 빈 만큼 가득 차는 그 무엇이 생겨나는 것인데, 사실 그 '무엇'이라는 실체는 어디에도 존재하지 않는 꿈일 것이다. 현실의 고통과 권태를 이기기 위해서는 꿈이 필요한 것인데, 사실은 그 꿈이야말로 고통과 권태와 세속의 즐거움을 불러일으키는 원흉이기도 한 것이다. 그러므로 비운다는 것은 꿈을 비운다는 것이고 가득 채운다는 것 또한 꿈을 가득 채우는 것이라는 역설에 직면하게 되는 것이다.

『텅 비거나 혹은 가득차거나』에 수록된 시들의 대부

분은 이와 같이 모순되고 역설적인 삶의 풍경을 그려내는 것에 전력을 기울이고 있다. 이와 같은 정조情調는 이미 첫 시집 『햇살을 부르다』에서부터 연계된 것으로 시인의 새로운 인식이라고 볼 수는 없다. 오히려 주정적主情的 어법은 예전보다 더욱 심화되어 냉소로 보일 지경에 이른 것 같기도 하다.

①
명절 이란다
제 멋대로 부려놓은 혀(舌)들이
지치지도 않고 떠들어댄다
폭설(暴雪)이 지붕을 누르고
말씀(說)이 무게를 떠받들고 있는 지금
영원한 우리들의 명절 이란다
말씀이 명절이 폭설이 혀가
한꺼번에 뒤죽박죽 되어가는 세상
썰 이란다

②
서로에게 발목 잡혀 한 생을 수놓아가는
삶과 별반 다르지 않은 얼음판의 승부
잡고 잡힌다는 것
다 그런 것이라고
얼음판을 가르며 썰매를 타는
아이웃음소리 쨍 하고 깨진다

③
세상은 이렇게 현기증이 날 정도로
나를 뒤 흔들어요
제발
이제 그만 쉬게 해 주세요
채찍질을 멈추어 주세요

핑그르르 빈혈이 도졌어요

예문으로 든 ①은 시 「설」의 마지막 연으로, 명절에 가족들이 모여 담화를 나누는 풍경을 설이라는 동음이의어를 통해 희화하고 있다. 설說은 혀舌로 오랜 만에 만나 안부를 묻고 가족애를 느껴야 하는 것인데 정월 초하루의 설은 폭설과 같은 위세와 오해와 풍문으로 벽을 세우고 해체되어가는 가족과 이해가 얽히고 설켜 뒤죽박죽되어가는 썰이 되어가는 아쉬움의 장이 되고 만다. 예문 ②는 「송어 낚시터에서」 중간 부분을 발췌한 것인데 겨울날 낚시터 풍경을 그리고 있다. 송어를 낚는 인간에게는 여가를 보내는 취미활동에 불과할지 모르겠지만 낚이는 송어 입장에서는 생사가 걸린 문제이다. 이것이 어디 낚시에 국한될 것인가? 부와 권력을 가진 자들의 횡포, 대기업들이 자행하고 있는 후안무치한 탐욕, 국가간에 벌어지는 전쟁과 살육 또한 약자에 대한 배려라고는 찾아볼 수 없는 냉혹한 현실을 유추할 수 있는 고발의 성격을 내포하고 있다. ③의 시는 –「팽이 」마지막 부분인데, 채찍에 맞아야 돌아갈 수 있는, 팽이를 객관적 상관물로 삼아 핍진한 일상에 몸 가누지 못하는 서민의 삶을 아프게 토로하고 있다. 시인의 현실인식이 이렇다고 해서 시집 『텅 비거나 혹은 가득차거나』에 홍건히 배어있는 비극적이고 비관적인 풍경이 단순히 현실에 대한 분노나 고발로 받아들인다면 곤란하다. 최윤경은 현실에 침몰 당하지도 않았을 뿐만 아니라 분노에 사로잡히지도 않았다. 불만스럽게도 그는 여전히 현실의 제도에 충실하게 적응하고 있으며 불의에 항거하며 붉은 머리띠를 매지도 않았다. 그렇다면 현실에 대한 분노나 고발은 시인의 허언에 불과한 것인가?

시인이 바라보고 있는 세상은 암울하지만 그 암울을 통과해야만 삶의 평온에 도달할 수 있다는 믿음은 순전히 내적인 심리작용에서 기인한다. 시인의 세태에 대한 불만과 고발은 시인 자신에게 던지는 내향성을 지니고 있다. 시집 『텅 비거나 혹은 가득차거나』에 드러난 모순되고 비극적인 정경의 묘사는 시인 자신에게 던지는 냉소에 다름 아니다.

힐링 healing의 의미와 실현의 과제

위에서 아래로
끝에서 위로 읽어도
같은 내용이 되는 시가 있다
모로 가도 서울만 가면 된다는 말도 있다
아무리 읽어도 가슴으로 끌려오는 글 이 없는
내 마음의 언어는 오늘도 속이 새까맣게 타들어
간다
밑바닥까지 긁어 백지위에 억지로 모아 붙인다
아무도 들여다 봐 주지 않는 빼곡한 글씨들
근본을 묻고 따져 보아도 묵묵부답 이다
끝에서 위로 처음부터 끝까지
길은 재개발 중이다

어설픈 천막에
찢어진 창문
시시하다
시詩

―「詩」 전문

위의 시는 말 그대로 시인의 시의 정의이고, 자평自評이다. 동어반복의 끊임없는 중얼거림, 아무도 보아주지 않는 속이 새까맣게 타들어가는 언어의 집합, 스스로 시시하다고 읊조리면서도 시인은 왜 이런 시업을 멈추지 않는 것일까? 나는 이런 시인의 작업을 서예書藝와 서도書道의 예로 풀어보고자 한다. 붓글씨에 능숙한 사람을 일러 우리는 서예가라고 부른다. 작가 스스로 겸손하게 자칭하기도 한다. 예藝는 말 그대로 어느 일에 능숙한 경지를 일컫는다. 붓글씨를 쓰려면 좋은 먹물이 필요하고 충분히 오랜 시간 동안 먹을 갈아야 한다. 먹을 가는 일은 단순하고 지루한 일이다. 그러나 단순하고 지루하게 먹을 가는 행위를 통해서 정신의 통일과 한 방울의 먹물도 허투루 하지 않으려는 집념을 체득할 수 있다. 『장자莊子』의 포정庖丁과도 같이 무애의 경지에 이를 때 비로소 우리는 도道를 논할 수 있게 된다. 단지 붓을 잘 놀리는 것이 아니라[藝] 그 붓의 운용 전에 행하여 할 과정을 통한, 정신의 빛나는 열락을 빛어낼 때의 경지[道].

최윤경의 시에 드러나는 현실인식은 더럽고 비루하

기 이를 데 없다. 그 더러움, 그 비루함을 제거하기 위해서는 더러움과 비루함의 실체에 손이 가야만 한다. 그 현실에 침윤하는 것이 아니라 그 침윤을 벗어나려는 부단한 닦음이 시쓰기의 과업이라는 사실을 환기할 필요가 있을 것이다.

요즘 유행처럼 인구에 회자되는 힐링 healing이 대세를 이루고 있다. 치열한 경쟁 속에서 승자와 패자가 나뉘고 패자부활이 용납되지 않는 현실에서 人本(휴머니티)에 대한 각성은 힐링의 필요성을 증대시키고 있는 것이다.

시집 『텅 비거나 혹은 가득차거나』에 도저하게 나타나는 비루한 현실로 말미암아 상처받는 사람들에게 힐링(치유治癒)은 다양한 방법으로 행해진다. 단절된 타자와의 소통, 이해, 자연과 종교에의 귀의……. 시인이 다양하게 다루고 있는 대상은 치유 그 자체는 아니다. 시인은 스스로 치유의 방법을 모색하고 찾아낼 수 있다는 믿음과 의지를 가진 존재이다. 오로지 속이 새까맣게 타들어가는 언어로 밑바닥까지 긁어 백지 위에 억지로 모아 붙여도 아무도 보아주지 않는 시를 쓰며 스스로 존재의 힐링을 행하는 존재가 시인이 아닐까? 성공이니 실패이니, 행복이니 불행이니 하는 세속의 평가는 시인에게 전혀 중요하지 않을 지 모른다. 효용론적 입장에서 시는 독자를 계몽하고 실용성을 강조한다. 이런 강조는 자기가 딛고 있는 현실을 도외시하거나 지나치게 미화하는 미몽에 빠지기 쉽다. '모로 가도 서울로 가면 된다'는, 과정을 무시하고 결과를 중요시하는 시법의 풍조가 만연한 세태에 비추어볼 때 최윤경 시인이 걸어가고 있는 길은 그리 밝아보이지도, 순탄해 보이지도 않는다. 시인은 지나칠 만큼 가혹하게 자신에게 독백을 던진다. 그 독백은 세상의 더러움, 세상의 비루함을 통해서 시인 자신의 더러움, 나약함을 고백하는 일과 다르지 않다. 자신에게 던지는 독백이나 고백은 수식을 필요로 하지 않는다. 그래서 최윤경의 시는 최소한의 언어의 수식修飾만이 가해지므로서 시의 중요한 요소인 애매성이 약화되는 약점을 보이기도 한다. 그러나 어쨌든 최윤경 시인에게 독백이나 고백은 자기치유의 의식임에 틀림이 없어 보인다.

얼마든지 말은 꾸밀 수 있고 진정성을 담지 않아도 시인으로 대접받을 수 있다. 그러나 그런 경우에는 시인의 인격은 사라지고 일상을 관통하지 못하고 글과 행동이 분리되어버리는 불행한 결과에 이르게 되는 것은 자명한 일이다. 시는 인仁에 이르는 길, 힐링과 다름이 아니다. 논어에 "교언영색 선의인巧言令色 鮮矣仁"이라 했던 것을 곱씹어 보는 일은 그래서 중요하지 않을 수 없다. 인仁의 다양한 의미에 대한 해명이 필요할지 모르겠으나 여기서는 앞 서 시심을 이야기하면서 드러내었던 연민憐憫이라고 해 두자.

쓸쓸한 고백과 따뜻한 위로

최윤경 시인의 두 권의 시집 ,『햇살을 부르다』와 『텅 비거나 혹은 가득차거나』를 통독하면서 그 사이에 무엇이 있을까? 하는 호기심이 이 글의 목적이었다. 이제 대략적이나마 최윤경 시의 특징을 다음과 같이 정리하면서 앞으로 더욱 활기차게 시작 활동을 전개하기를 바라는 마음을 전해 보고자 한다. 첫 째, 최윤경 시인의 시작 詩作의 목적(목표)은 자기 치유에 있다는 점이다. 이 글의 서두에서 병원은 타자화된 희노애락의 압축이라고 말한 바가 있지만 뒤늦게 한 가지 덧붙여야할 말이 있다.

"병원은 치유의 희망을 가진 자들의 꿈의 저장소이다."

부연 설명을 한다면 최윤경 시에 드러나는 고통과 좌절의 현장 고발은 그 자체로 끝나는 것이 아니라 꿈과 희망의 발전發電을 함축하고 있다는 점이다. 둘 째, 최윤경 시인의 시는 생활에 기반을 둔 일상시이다. 계절, 사물, 현상등 세계의 자아화라는 서정시의 맥락을 수용하면서 자유자재로 객관적 상관물을 운용하고 있다는 점이다. 이는 시를 지나치게 단순화하여 시의 다양한 의미의 확충을 가로막는 부작용을 불러일으키기도 하지만 생활 속에서 시를 음미할 수 있는 즐거움을 주기도 할 것이다. 셋 째, 시집 전 편을 아우르는 슬픔과 외로움의 고백은 대 사회적, 역사적 관점에서 벗어나 오직 시인 스스로를 위무하는 각성의 기제로 활용되고 있음을 확인할 수 있다는 점이다.

세상의 때 비틀어 씻겨나간 양말
걸을 때도 힘겹게 지탱하더니
쉴 때도 꼿꼿하게 긴장을 하고 있다
날마다 같은 주인을 만나
신발 속에서 땀과 씨름하다가
급기야 축축해진 몸 내동댕이친다
무엇이든 주인을 잘 만나야
고생하지 않는 법을
이미 오래전부터 알고 있었으나
어쩔 수 없어 숨죽인 시간
파김치가 된 양말의 고단함을
탁탁 털어내어 빨아 널면
맨발의 숨소리가 편안하다
서서도 쉬어갈수 있는 법을 배우려
오늘도 직립의 자세
늘어진 햇살을 마주보면
건조한 얼굴 환한 웃음으로 서 있겠다

– 「빨랫줄에 걸린 발바닥」 전문

「빨랫줄에 걸린 발바닥」 은 시집 『텅 비거나 혹은 가득차거나』의 성과를 요약하는 시임에 틀림없다. 이 한 편의 시를 읽는 것만으로도 정신이 배부르고 마음이 평

화로 가득찬다. 어찌 보면 시집의 모든 시들이 이 시를 이루기 위한 디딤돌이었다는 생각이 들 만큼 이 시는 긍정으로 가득찬 삶, 마르지 않는 꿈을 무한생산하는 마음의 너그러움을 한껏 펼쳐 보이고 있다. 생각해 보니 누구나 난경難境에 직면하고 있다. 그러나 그 난경을 헤쳐나가 극복하는 방법은 다 같지 않다. 어느 사람은 현실을 도피하여 환상으로 날아오르거나 분노의 용광로 속으로 뛰어들기도 한다. 탐미의 왜곡도 그런 길 중의 하나일 것이다. 르네상스 시대의 화가, 건축가이며 200여명에 이르는 당대 예술가들의 삶과 예술적 성과를 규명한 전기작가로 활동한 조르조 바사리Giorgio Vasari는 예술가들의 삶을 이렇게 규정했다.

예술을 연구하는 사람들은 사교를 피해야 하고, 예술을 공부하는 사람들의 정신은 집중력을 가져야 하며, 예술에 재능을 가진 사람은 근심을 멀리 해야 하며, 천재적인 예술가에게는 고독이 필요하다.

이 세상에 외롭지 않은 사람은 없다. 살아감에 있어서 '사랑'은 인격의 완성을 가능하게 해준다. 그러나 '사랑'은 단독자로서의 외로움을 완전히 사라지게 할 수는 없다. 꿈은 권태로부터 새로운 삶의 에너지를 불러일으키는 아름다움이다. 그러나 꿈이 도식화 될 때

욕망의 노예로 전락할 우려가 있다. 사랑과 꿈의 양 날개를 지닌 몸채로서의 외로움은 우리가 평생 지니고 함께 걸어가야 할 친구와도 같다. 아마도 시인으로서 최윤경은 앞으로도 계속해서 쓸쓸한 고백을 자기 자신에게 던질지 모른다. '툭 툭 부러지던 때 (시 「오래된 이야기」)' 를 지나 '원점으로 되돌아오는 윤회의 서울이 서운하게 다가와도(시 「서울로 가는 길」)' 사랑이라는 불쏘시개를 마음의 난로에 지펴 넣을 공력을 지닌 시인은 따뜻한 위로를 가난하고 추운 이웃들에게 무량하게 꿈이라는 선물로 나누어 줄 수 있을 것이다.

Choe Yun Gyeong

다시올시인선 007

텅 비거나 혹은 가득 차거나

초판인쇄 2012년 9월 25일
초판발행 2012년 9월 30일

지은이 | 최윤경
발행인 | 김영은
펴낸곳 | 다시올
출판등록 | 제 310-2007-00028

우편 | 139-050
주소 | 서울 노원구 월계동 382-55(중앙빌 2동 1호)
전화 | 070-7431-5941
팩스 | 031-855-5941
메일 | maxim3515@naver.com

ISBN 978-89-94414-27-0 03810

정가 9,000원